Lebenskünstler Snoopy

Lebenskünstler Snoopy

Ein Peanuts®-Buch
von Charles M. Schulz

Otto Maier Verlag Ravensburg

PEANUTS Comic Strips:

Printed in Germany

5 4 3 2 84 83

ISBN 3-473-38009-1

Charles Monroe Schulz, Jahrgang 1922, lernte das Zeichnen per Fernunterricht. Nach dem Kriege begann er seine Karriere als freier Mitarbeiter der „Saturday Evening Post“ und als Karikaturist der Zeitung „Pioneer Press“. Nach vielen beruflichen Rückschlägen gelang ihm 1950 mit dem Comic Strip „Li'l Folks“ (Kleine Leute) der große Wurf: Umbenannt in PEANUTS, eroberten sich die skurrilen Knirpse in 20 Jahren die ganze Welt – allein die Buchauflagen erreichten bis Ende 1970 die Rekordzahl von 55 Millionen Exemplaren. Schulz ist damit der populärste internationale Autor der Gegenwart. Er wohnt heute mit Frau und fünf Kindern in Sebastopol (Kalifornien).

Charles M. Schulz (Foto: UPI)

SCHLAF-
TABLETTEN

AU WEIA! NOCH NIE IN MEINEM LEBEN WAR MIR SO KALT!

WO IST DER SOMMER BLOSS GEBLIEBEN?

BUMM BUMM
BUMM
BUMM

WARUM KANNST DU EIGENTLICH NICHT AN DER TÜR KRATZEN WIE ANDERE HUNDE AUCH?

ICH KANN NICHT SCHLAFEN!
VIELLEICHT, WENN ICH MICH AUF DIE ANDERE SEITE DREHE...

ICH FINDE EINFACH NICHT DIE RICHTIGE LAGE...

SNOOPY!
SNOOPY!
WO STECKT ER BLOSS?
Z
SCHULZ

SNOOPY, ICH MUSS DIR ETWAS SAGEN...
UNSERE FAMILIE FÄHRT FÜR ZWEI WOCHEN IN DIE FERIEN....
DA IST EIN PROBLEM: DU KANNST NICHT ALLEIN ZU HAUSE SEIN, UND WIR KÖNNEN DICH NICHT MITNEHMEN...
LIMBUS!
SCHULZ

ES GIBT ZWEI MÖG- LICHKEITEN, SNOOPY...
DIE 'FAMILIE FÄHRT WEG, UND DU KOMMST IN EINEN *ZWINGER*....
AAUUU!
...ODER DU WOHNST BEI *LUZIE*...
AAUUU!
DA KOMMT WAS AUF MICH ZU.....
SCHULZ

MACHT'S DIR AUCH WIRKLICH NICHTS AUS, *LUZIE*?
NATÜRLICH NICHT! FAHRT MAL RUHIG IN URLAUB, UND SNOOPY BLEIBT BEI UNS....
ICH BRINGE IHN IN FORM! WILL SAGEN, ICH WERDE GUT FÜR IHN SORGEN....
WAS BEKOMMT ER GEWÖHNLICH ZU FUTTERN? *BROTRESTE UND WASSER?*
AAUUU!
SCHULZ

MACH'S GUT, ALTER FREUND!
ICH BIN IN VIERZEHN TAGEN WIEDER ZURÜCK...
SO EIN ABSCHIED MACHT MICH FERTIG... ICH ERTRAG'S NICHT...
MIR IST, ALS HÄTTE ICH EINEN HOCKEYSCHLÄGER VERSCHLUCKT...

JETZT GEHT'S LOS, DU DOOFER HUND!
IN DEN NÄCHSTEN ZWEI WOCHEN GEHÖRST DU *MIR!*
WENN ICH DIR ETWAS BEFEHLE, DANN *SPRINGST* DU!
WIE MAN SIEHT, BIST DU DEINEM *SPIESS* BEGEGNET...
BOINK
BOINK
BOINK

WAS TUT DIESER HUND IM HAUSE?!!!
HINAUS, WOHIN DU GEHÖRST!! RAUS!!!
DRECK! SO VERPASSE ICH MEINE LIEBSTEN SENDUNGEN!
SCHULZ

SNOOPY, ICH BIN FROH, DASS DU WÄHREND CHARLIE BRAUNS FERIEN BEI UNS BIST!
UND LASS DICH NICHT DURCH LUZIE STÖREN!
IN WAHRHEIT IST IHR BELLEN SCHLIMMER ALS IHR BEISSEN...
ICH MAG NICHT SOLCHE SPRÜCHE!
SCHULZ

ICH WETTE, SNOOPY VERMISST SEINE HUNDEHÜTTE!
KEINE BANGE! ICH HABE IHN GUT UNTERGEBRACHT....
...UND IHN IM GARTEN IN EINES MEINER PUPPENBETTCHEN GESTECKT!
MAN GEHT, MAN STEHT, MAN HEBT DEN ARM UND SAGT „MAMA"...
SCHULZ

LIEBER SNOOPY,
ICH SCHREIBE AUS DEN FERIEN. ES IST SCHÖNES WETTER, UND DU FEHLST MIR.
SALLY LÄSST GRÜSSEN!
ICH HABE *NICHTS* GESAGT!
DAS IST SO SITTE BEI ANSICHTSKARTEN... MAN SCHREIBT IMMER DASS JEMAND GRÜSSEN LÄSST... DAVON VERSTEHST DU NOCH NICHTS, *SALLY!*
DIE GANZEN FERIEN SIND MIR EIN RÄTSEL...
SCHULZ

FUTTERZEIT, DU DOOFER BEAGLE!
FUTTERZEIT?
AH, ES IST FUTTERZEIT!! FUTTERZEIT! FUTTERZEIT!!
JA, ES IST FUTTERZEIT!! SCHÖNSTE ZEIT! FUTTERZEIT!!!
ICH KOMME MIR VOR, ALS FÜTTERE ICH FRED ASTAIRE....
SCHULZ

ICH SCHREIBE NOCH EINE KARTE AN SNOOPY!
ABER *WIR SELBST* SIND JA *FRÜHER* ZU HAUSE ALS DIE KARTE!
NATÜRLICH SIND WIR DAS!
VON ANSICHTSKARTEN VERSTEHST DU IMMER NOCH NICHTS!
SCHULZ

WIEDER DAHEIM!
ICH MUSS GLEICH SNOOPY HOLEN! HOFFENTLICH WAR LUZIE GUT ZU IHM!
ICH HÄTTE IHN *NIE* BEI IHR LASSEN SOLLEN! WARUM HABE ICH DAS GETAN?!
HIER IST DER BERÜHMTE PILOT BEI SEINEM SCHATZ....
SCHULZ

ENDLICH WIEDER IN DER EIGENEN KANTINE!
SCHULZ

WIE WAREN DIE FERIEN, CHARLIE BRAUN?
FERIEN WERDEN ERDULDET, VERBRACHT, ERLITTEN, VERTAN, RUINIERT, VERDORBEN...
FERIEN KÖNNEN SCHÖN SEIN, LANGWEILIG, HERRLICH, GUT, SCHEUSSLICH, DOOF, BLÖD...
MEINE FERIEN WAREN NUR SORGEN UM SNOOPY..
DU BRAUCHST *FERIEN*, CHARLIE BRAUN!
SCHULZ

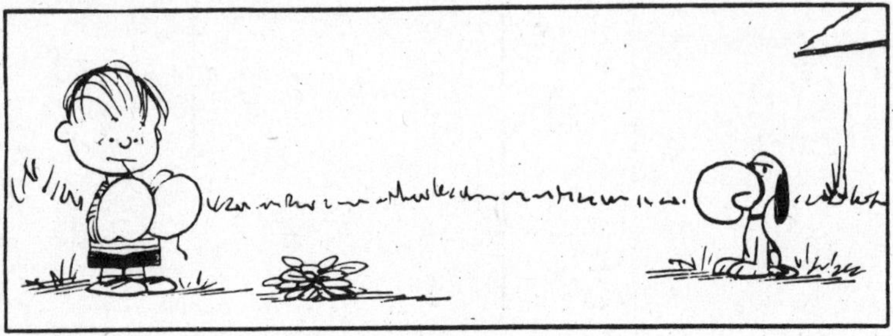

WUMM!

WUMM
UFF!
POP

NA, WIE WAR DER BOXKAMPF?
NICHT SO GUT... ICH HABE VERLOREN...
TATSÄCHLICH? WAS HAT DICH GETROFFEN? WAR ES EIN LINKER ODER EIN RECHTER HAKEN?
ICH WEISS NICHT...
WEDER RECHTS NOCH LINKS – ES LAG WOHL IN DER MITTE!
SCHULZ

PENG!
AU WEIA!

POP!

HUii!
UFF!
WAMM

SAG BLOSS, DU HAST SCHON WIEDER VERLOREN?
JA... UND MIR TUT ALLES WEH!
DAS GESCHIEHT DIR RECHT! BOXEN IST EIN RAUHER SPORT!
DAS EINZIGE, WAS ICH DARAN AUFREGEND FINDE, IST AM SCHLUSS DAS HOCHHEBEN DER BEHANDSCHUHTEN HAND DES SIEGERS...
IN DIESEM FALLE SÄHE DAS ETWAS MERKWÜRDIG AUS...
SCHULZ

GEGEN DEN HAST DU GEBOXT UND IMMER VERLOREN ?!?

DU SIEHST JA KOMISCH AUS!

DAS HABE ICH JA NOCH NIE GEHÖRT: EIN HUND MIT EINEM BOXHANDSCHUH AUF DER NASE?
ER IST DER CHAMPION, LUZIE... WENN DU IHN BESIEGEN WILLST, MUSST DU STRATEGISCH VORGEHEN...
UND OB ICH STRATEGIE ANWENDE... ALSO LOS! ICH HAU IHN ZUSAMMEN!
DU MUSST MICH ERST TREFFEN, SÜSSE!

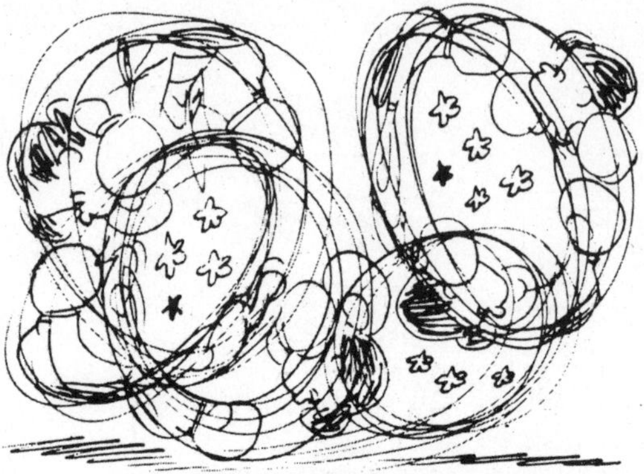

PENG! WUMM!

PENG!
WUMM!
PENG!
BOING!
PATSCH!

DAS IST FÜR MICH VÖLLIG NEU!
ICH HABE NIE ZUVOR MIT EINEM HUND GEBOXT, DER EINEN HANDSCHUH AUF DER NASE HAT!

HUI HEUTE BIN ICH IN HOCHFORM! JAPS! JAPS! WAPP!

ICH KANN DICH NUR WARNEN, CHARLIE BRAUN... SEI VORSICHTIG... SNOOPY KENNT EINE MENGE TRICKS...
DAS FÜRCHTE ICH AUCH!
OKAY, ALTER JUNGE, JETZT GEHT'S LOS! PASS SCHÖN AUF!

?
DIE KOBRA SCHLÄGT ZU!
WUMM!

MACH DIR NICHTS DRAUS, CHARLIE BRAUN... ICH HABE SCHON ZWEIMAL MIT IHM GEBOXT UND IMMER VERLOREN...
ICH GLAUBE, WIR KÖNNEN IHN NIE SCHLAGEN... ICH BIN GESPANNT, WAS NUN GESCHIEHT.
ICH ZIEHE MICH UNGESCHLAGEN AUS DEM RING ZURÜCK... WAS SONST?

WENN EIN STERN HIER HERUNTERFÄLLT...DARF MAN IHN DANN IN EINEM EIMER-CHEN NACH HAUSE TRAGEN?

NUN...*LINUS*...EIN STERN IST ZIEMLICH GROSS... ER WÜRDE IN KEIN EIMER-CHEN PASSEN....
WIRKLICH NICHT?

ICH FÜRCHTE,
ES GINGE NICHT...

SCHULZ

AU WEIA!

ICH HÖRE SCHRITTE...

AAK!
ICH ERSTICKE!
AAK!

NA, SCHÖN... DANN EBEN OHNE LEINE!

WEIA

BEI MIR HEILIGT DER
ZWECK ALLE MITTEL....

HEUTE NACHT IST ES ZIEMLICH KALT... EIGENTLICH SOLLTE ES UM DIESE JAHRESZEIT NOCH NICHT SO KALT SEIN...
OB SNOOPY NICHT FRIERT ?
ICH WERDE IHM MEINEN SCHLAFSACK RAUSBRINGEN...

WENN EIN MENSCH EINEN HUND HAT, HAT ER SCHLIESSLICH AUCH DIE VERANTWORTUNG FÜR IHN!

ICH BIN FROH, DASS ICH IHM DEN SCHLAF-SACK RAUSGEBRACHT HABE ... ICH GLAUBE, ER KONNTE IHN GEBRAUCHEN ...

ICH KANN JETZT VIEL BESSER SCHLAFEN, WEIL ICH WEISS, DASS ER ES WARM HAT...

WARUM SOLL ICH FRIEREN, WENN ICH EIN WARMES PLÄTZCHEN WEISS ?

!
BUM BUM
BUM

HIER DRIN IST'S MUFFIG...
BUM BUM BUM
AU WEIA JETZT REGNET'S...

BUM BUMBUM
HALLO, TIERSCHUTZVEREIN? ICH HÄTTE MAL EINE FRAGE... WIEVIEL BUSSGELD KOSTET ES, WENN ICH EINEN HUND VERHAUE?
SCHULZ

ZUM GLÜCK GIBT ES DIESE HUNDEFUTTER-REKLAME IM FERNSEHEN NICHT ALLZU OFT!
SCHULZ

WUMM!
DAS ERTRAGE ICH NICHT!
MEINE DRACHEN STEIGEN NIE IN DIE HÖHE! NIE! NIE! NIE!
ICH SCHAFF'S NICHT!
ICH SCHAFF'S NICHT!

ICH WILL DIESEN DRACHEN NICHT WIEDERSEHEN!
WENN DU IHN NICHT MEHR HABEN WILLST, CHARLIE BRAUN, DARF ICH IHN DANN EINEM MEINER FREUNDE SCHENKEN?
NIMM IHN! NIMM IHN! SCHAFF IHN MIR AUS DEN AUGEN!
WENN DEIN FREUND DIESEN DRACHEN STEIGEN LASSEN KANN, DANN IST ER EIN **GENIE**!

KOMM ZURÜCK, DU FEIGLING!

DU KLEINER SCHLEICHER!

GLAUBE NUR NICHT, DASS DU MIR ENTKOMMST! ICH KRIEGE DICH SCHON!
ICH WERDE DICH VERDRESCHEN! ICH WERDE DICH VERNICHTEN!

UND DU HÄNGST MIT DRIN, SNOOPY!! WENN DU IHN SCHÜTZT, KOMMST DU AUCH DRAN...

LASS DEN HUND NICHT AN DEINEM EIS LECKEN, LINUS!

BIST DU TOTAL VERRÜCKT? WILLST DU DIR ETWA BAZILLEN HOLEN? WAS IST ÜBERHAUPT LOS MIT DIR?

DU MACHST WIRKLICH NUR DUMMES ZEUG!!
NACH HAUSE MIT DIR! ISS DEIN EIS GEFÄLLIGST ALLEINE!

ICH BIN WENIGER WERT ALS EIN MENSCH!
SCHULZ

SIE SIND SCHON WIEDER IM BAUM...

INZWISCHEN SOLLTEN SIE ES WIRKLICH BESSER WISSEN!

MAMMI SAGT, IHR BURSCHEN SOLLT SOFORT VOM BAUM RUNTERKOMMEN!

DUMME GÖREN!

SIE SAGT, OB IHR EUCH VIELLEICHT DEN HALS BRECHEN WOLLT?!

DAS GILT FÜR DICH AUCH!
SCHULZ

PSSST...FRANKLIN... IST DIE DRITTE ANTWORT "RICHTIG" ODER "FALSCH"?
ICH WEISS NICHT...
WENN DU "RICHTIG" SCHREIBST UND ICH "FALSCH," DANN HAT EINER VON UNS RECHT...
...UND EINER HAT AUCH UNRECHT!
LERNEN IST EIN SPANNENDES ABENTEUER

HERR LEHRER, DIE VIERTE AUF-GABE VERSTEHE ICH NICHT
EIGENTLICH HABE ICH DIE DREI ANDEREN AUCH NICHT BEGRIFFEN...
ÜBERHAUPT HABE ICH VON MATHEMATIK KEINE AHNUNG...
EHRLICH GESAGT, MIR IST DIE GANZE SCHULE EIN RÄTSEL!
SCHULZ

WAS MALST DU, SALLY?
DIE SONNE!
SCHAU NICHT ZU NAHE, SONST TUN DIR DIE AUGEN WEH!
SCHULZ

DIESE SACHE HAT SICHER EINEN TIEFEREN SINN, ABER ICH WEISS NICHT, WELCHEN
SCHULZ

ICH MUSS EINEN AUFSATZ SCHREIBEN ÜBER DR. SCHWEITZER
ICH WEISS NICHTS ÜBER ALBERT SCHWEITZER! ICH HASSE AUFSÄTZE!
SCHAU DOCH IM LEXIKON NACH, SALLY!
MACH DICH NICHT LÄCHERLICH! SO ETWAS TUE ICH NIE!
VIELLEICHT HABE ICH GLÜCK, UND ES GIBT HEUTE ETWAS ÜBER IHN IM FERNSEHEN!
SCHULZ

DIESE SENDUNG IST NICHTS FÜR DICH!
KLICK!
DAS HATTE ICH MIR IMMER SCHON GEWÜNSCHT: EINEN EIGENEN PERSÖNLICHEN ZENSOR!
SCHULZ

DU WILLST WOHL EIN BISSCHEN LESEN, NICHT WAHR, CHARLIE BRAUN?
JA! ZUR BUCHMESSE KAUFE ICH IMMER EIN NEUES BUCH, LINUS!
Peanuts
DAS IST NÄMLICH GUT FÜR DIE MORAL DES BUCHHANDELS
BUCHHÄNDLER MÜSSEN DAS GEFÜHL HABEN, DASS SIE GEBRAUCHT WERDEN!
SCHULZ

ICH HAB'S SO GEMACHT WIE DU, CHARLIE BRAUN!
Peanuts
ICH HABE ZUR MESSE EIN BUCH GEKAUFT! DER BUCHHÄNDLER WAR GANZ AUFGEREGT...
ER FLITZTE DIE REGALE HINAUF UND HERUNTER, UND ER HAT MIT PROSPEKTEN GEFLATTERT UND ZUM SCHLUSS DIE RECHNUNG ACHTMAL GESTEMPELT.....
ICH HABE DAS GEFÜHL, WENIGSTENS FÜR EINEN BUCHHÄNDLER IST DIE MESSE NUN EIN TOTALER ERFOLG!!
SCHULZ

ICH HASSE DIESE SONNTAG-NACHMITTAGE!

SIE SIND LANGWEILIG...
WARUM SPIELST DU NICHT MIT HERBSTLAUB?

DAS IST KEIN GUTER VORSCHLAG!
NA JA, ICH MEINE, ES IST DIE JAHRESZEIT DAFÜR...

WIRKLICH?
GANZ BESTIMMT! ES MACHT SPASS... ES IST SOGAR EIN ALTER BRAUCH! KINDER MACHEN DAS SEIT URZEITEN...

DU HOLST EINFACH EINEN GROSSEN HAUFEN BLÄTTER... DANN NIMMST DU EINEN ANLAUF UND SPRINGST MITTEN HINEIN...
DAS HÖRT SICH GUT AN...

WO KANN MAN EIGENTLICH EINEN HAUFEN BLÄTTER KAUFEN?
SCHULZ

JETZT FLIEGT MIR MEINE MÜTZE SCHON ZUM VIERTEN MAL WEG!

NAJA, IMMERHIN IST ES EIN GUTER TAG, UM DRACHEN STEIGEN ZU LASSEN...

SCHWUPP!
DA FLIEGT SIE SCHON WIEDER FORT!
ICH HOLE SIE, CHARLIE BRAUN... KÜMMERE DU DICH UM DEN DRACHEN!
DANKE, LINUS... UND NUN HALTE DEN DRACHEN, DAMIT ICH IHN STARTEN KANN...

ICH BIN DER SCHLECHTESTE DRACHENFLIEGER DER WELT!
HIER IST DEINE MÜTZE...SIE IST DIE GANZE STRASSE LANG GEFLOGEN!

SCHWUPP!
DA HAUT SIE SCHON WIEDER AB!
ICH HABE EINEN VORSCHLAG, CHARLIE BRAUN...
WIE WÄRS, WENN DU DIR DEN DRACHEN AUFSETZT UND DIE MÜTZE STEIGEN LÄSST?

ALLES, WAS DU ZU TUN HAST, IST, DEN DRACHEN SO ZU HALTEN UND IHN DANN LOSZULASSEN, WENN ICH'S DIR SAGE...
BIST DU FERTIG?

OKAY, LOSLASSEN!!
RITSCH

NEIIIN!
MEIN DRACHEN! MEIN SCHÖNER DRACHEN! DU HAST IHN NICHT LOSGELASSEN! ICH SAGTE, LASS IHN LOS, UND DU HAST ES NICHT GETAN!
DU HAST NICHT »BITTE« GESAGT

HAST DU DEN DRACHEN GANZ ALLEIN AUFSTEIGEN LASSEN LINUS ?
KLAR!

WAR'S SCHWIERIG?
NEE!

HAT DEIN DRACHEN SICH NICHT IN BÄUMEN VERHEDDERT ODER IN TELEFONDRÄHTEN ?
NEE !

SEUFZ
ES WÄRE FALSCH GEWESEN, VOR EINEM KLEINEN JUNGEN WIE LINUS ZU WEINEN...

ICH WÜNSCHTE, ICH HÄTTE WAS ZU TUN

ICH BRAUCHE EINE AUFGABE...
IRGENDEINE NEUE BESCHÄFTIGUNG...
DIR FEHLT EIN HOBBY! WARUM SAMMELST DU NICHT BLÄTTER? DU KANNST SIE ZWISCHEN DEN SEITEN EINES BUCHES GLATTPRESSEN...
DAS IST EINE PRIMA IDEE!

KLAPP!
ICH HABE ES GETAN! ICH HABE ÜBER EIN DUTZEND VERSCHIEDENE BLÄTTER GESAMMELT!
MEIN GRÖSSTES PROBLEM WAR ES, DAS RICHTIGE BUCH ZUM PRESSEN AUSZUSUCHEN ... ES MUSSTE NÄMLICH EIN BESONDERS DICKES SEIN ...
ZUERST DACHTE ICH AN »ZETTELS TRAUM« ODER »VOM WINDE VERWEHT«, DANN AN DEN »UNTERGANG DES ABENDLANDES« UND »SCHAU HEIMWÄRTS, ENGEL« ABER SCHLIESSLICH HABE ICH ...

VERSCHWINDE!
DIE MEISTEN MENSCHEN INTERESSIEREN SICH KAUM FÜR ANDERER LEUTE HOBBYS...

HÜBSCH, NICHT WAHR, CHARLIE BRAUN?

ICH HABE DEN GANZEN MORGEN LANG DIESE BLÄTTER ZUSAMMENGEHARKT...
ICH WETTE, SIE SIND SO WEICH WIE EIN DAUNENBETT...

JUHUUU!
WUMM!

WARUM GLAUBST DU IMMER ALLES, WAS ICH DIR ERZÄHLE?

ICH BIN BÖSE WIE NIE ZUVOR IN MEINEM LEBEN!

WIE GEHT ES DIR, SALLY?
ICH BIN BÖSE! BÖSE AUF DIE GANZE WELT!
BIST DU AUF JEDERMANN IN DER GANZEN WELT BÖSE?
ICH BIN BÖSE AUF JEDEN!
BIST DU BÖSE AUF ALLE TIERE UND VÖGEL UND FISCHE?
AUCH AUF ALLE BÄUME UND BLUMEN?

JAWOHL, DAS BIN ICH! ICH BIN BÖSE AUF ALLES!
AUCH AUF DEN HIMMEL UND DIE STERNE? AUF DIE ERDE UND ALLE STEINE?
BÖSE AUF AUTOS UND HÄUSER UND DAS FERNSEHEN UND DEN ZIRKUS UND ROLLSCHUHE UND ARMBÄNDER?

DU HAST SPRUNGSEILE NICHT ERWÄHNT...
OH, BIST DU AUCH BÖSE AUF SPRUNGSEILE?
ICH BIN GANZ BESONDERS BÖSE AUF SPRUNGSEILE!!!

DAS IST NICHT ZU GLAUBEN!

DER HAT JA NICHT MAL ANDERE SACHEN ANGEZOGEN!

DU WIRST DOCH NICHT SO ZU VIOLETTAS GEBURTSTAGSPARTY GEHEN WOLLEN ?!!
WARUM NICHT ?
WARUM NICHT ? DU BIST EIN SCHMUTZFINK, DARUM NICHT !!

SIE LASSEN DICH NICHT INS HAUS REIN, PIG-PEN! SIE KNALLEN DIR DIE TÜR VOR DER NASE ZU!
DAS GLAUBE ICH NICHT...
NATÜRLICH! SIE WERDEN DIR NOCH NICHT MAL GUTEN TAG SAGEN– SO WIE **DU** AUSSIEHST!

HALLO, PIG-PEN! KOMM REIN! ICH FREUE MICH, DICH ZU SEHEN! FEIN, DASS DU GEKOMMEN BIST!
OH, DANKE! DAS WAR DOCH NICHT NÖTIG!
DAS **GESCHENK** WAR SAUBER!

!

„REGEN, REGEN, GEHE FORT! GEH AN EINEN ANDREN ORT!"

ICH SAGTE: „REGEN, REGEN, GEHE FORT! GEH AN EINEN ANDREN ORT!!"

DU HÖRST NICHT ZU!!!
SCHULZ

OPERA
CONCERTO
BRAHMS
The Messiah
STRAVINSKY
BARTOK
VIVALDI
DEBUSSY
RICHARD STRAUSS
Johann Strauss
RECO

WAS IST DAS, SCHRÖDER?
DAS IST EINE NEUE AUFNAHME VON BRAHMS' VIERTER SYMPHONIE, LUZIE...

UND WAS MACHST DU DAMIT?
ICH NEHME SIE MIT NACH HAUSE UND HÖRE SIE MIR AN...

DU MEINST, DU WIRST DANACH TANZEN?
NEIN, ICH HÖRE SIE MIR NUR AN...
DU WIRST IM ZIMMER HERUMMARSCHIEREN, WÄHREND DU SIE HÖRST?
NEIN, ICH HÖRE SIE MIR NUR AN...

DU MEINST, DU WIRST BEIM ZUHÖREN SINGEN UND TANZEN?
NEIN, ICH HÖRE SIE MIR NUR AN...
ETWAS **LÄCHERLICHERES** HABE ICH NOCH NIE GEHÖRT!

HILFE!!

In dieser Reihe sind folgende PEANUTS-Bände erschienen:

Band 1 **Zieh Leine, Charlie Braun!**
Band 2 **Snoopy – Die Sportskanone**
Band 3 **Linus – oder: Wo ist meine Schmusedecke?**
Band 4 **Bleib am Ball, Charlie Braun!**
Band 5 **Schröder – oder: Beethoven, Du bist der Größte!**
Band 6 **Snoopys große Liebe**
Band 7 **Du bist süß, Charlie Braun!**
Band 8 **Luzie – oder: Die Kratzbürste**
Band 9 **Lebenskünstler Snoopy**
Band 10 **Fröhliche Weihnachten, Charlie Braun!**
Band 11 **Hallo, Snoopy!**
Band 12 **Immer wieder Peanuts**
Band 13 **Snoopy – Der Bruchpilot**
Band 14 **Der weltberühmte Snoopy**
Band 15 **Niemand ist vollkommen, Charlie Braun!**

Otto Maier Verlag Ravensburg